Impressum
Verlag: BABADADA GmbH, Nedderfeld 112 , 22529 Hamburg
Geschäftsführer / Verlagsleitung: Harald Hof
Druck: Books on Demand GmbH, In de Tarpen 42, 22848 Norderstedt

Imprint
Publisher: BABADADA GmbH, Nedderfeld 112 , 22529 Hamburg, Germany
Managing Director / Publishing direction: Harald Hof
Print: Books on Demand GmbH, In de Tarpen 42, 22848 Norderstedt

escola
skool

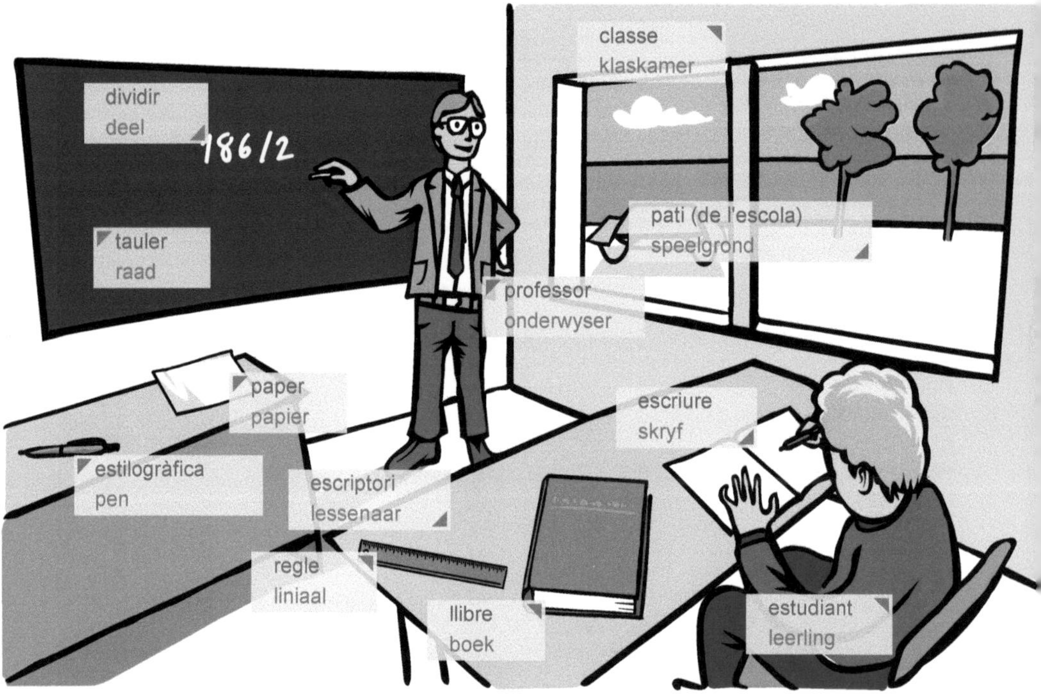

classe
klaskamer
dividir
deel
186/2
tauler
raad
pati (de l'escola)
speelgrond
professor
onderwyser
paper
papier
escriure
skryf
estilogràfica
pen
escriptori
lessenaar
regle
liniaal
llibre
boek
estudiant
leerling

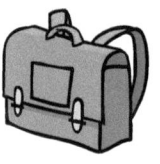

bossa

skooltas

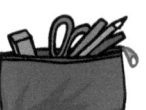

estoig

potloodhouer

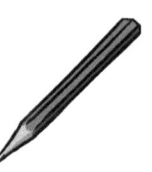

llapis

potlood

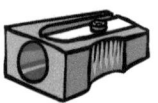

maquineta de fer punta

skerpmaker

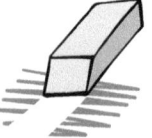

goma

rubber

bloc de dibuix

tekenblok

dibuix

tekening

pinzell

verfkwas

capsa de pintures

verfoppervlak

tisores

skêr

cola

gom

quadern d'exercicis

oefenboek

deures

huiswerk

12

nombre

aantal

2+2

afegir

optel

5-2

sostreure

aftrek

2×2

multiplicar

maal

calcular

bereken

A

lletra

brief

ABCDEFG HIJKLMN OPQRSTU VWXYZ

alfabet

alaphabet

hello

mot

woord

text

teks

llegir

lees

guix

kryt

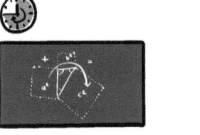

lliçó

les

llibre de classe

registreer

examen

eksamen

certificat

sertifikaat

uniforme escolar

skooluniform

formació

onderwys

enciclopèdia

ensiklopedie

universitat

universiteit

microscopi

mikroskoop

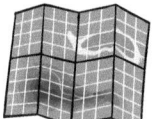

mapa

kaart

paperera

vullisdrom

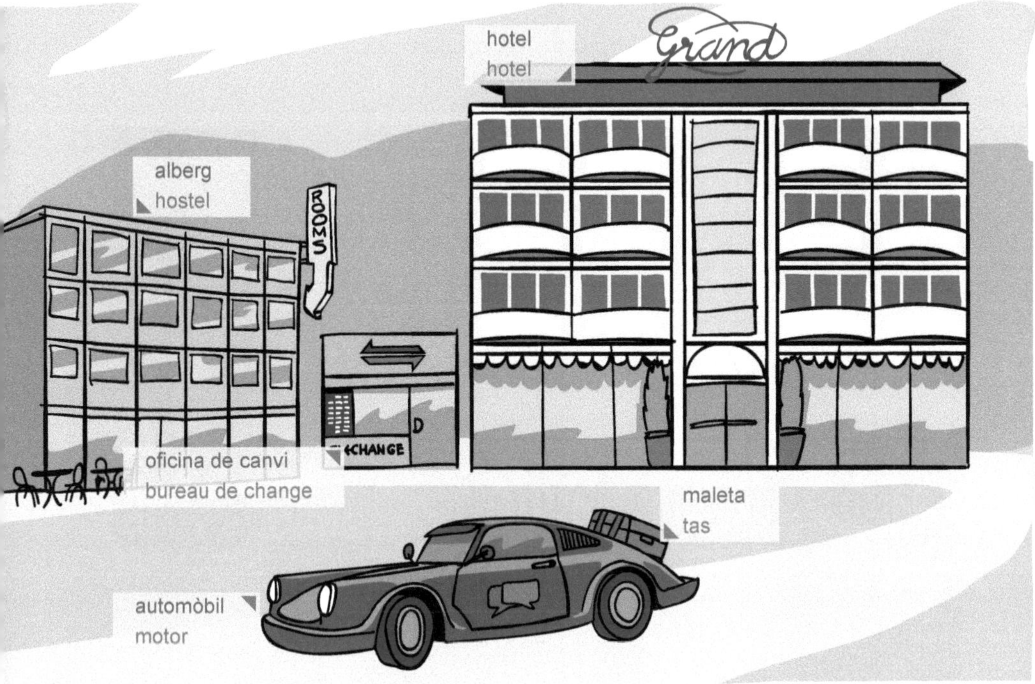

hotel
hotel
Grand
alberg
hostel
ROOMS
oficina de canvi
bureau de change
EXCHANGE
maleta
tas
automòbil
motor

llengua

taal

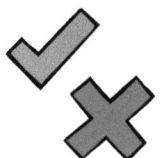

sí / no

ja / nee

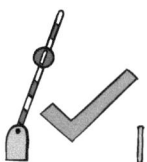

D'acord

Goed

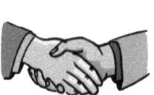

Ey!

hallo

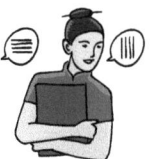

traductora

vertaler

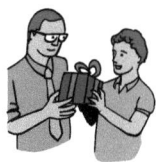

gràcies

Dankie

Quant costa... ?

hoeveel is...?

No entenc

Ek verstaan nie

problema

probleem

Bona nit!

Goeie naand!

bon dia!

Goeie môre!

bona nit!

Goeie nag!

fins aviat

totsiens

direcció

rigting

bagatge

bagasie

bossa

sak

sarrona

rugsak

convidat

gas

cambra

kamer

sac de dormir

slaapsak

tenda

tent

oficina de turisme

toeriste-inligting

platja

strand

carta de crèdit

kredietkaart

esmorzar

ontbyt

dinar

middagete

sopar

aandete

bitllet

kaartjie

ascensor

hysbak

segell

posseël

frontera

grens

duana

doeane

ambaixada

ambassade

visat

visum

passaport

paspoort

viatge - reis

transport
vervoer

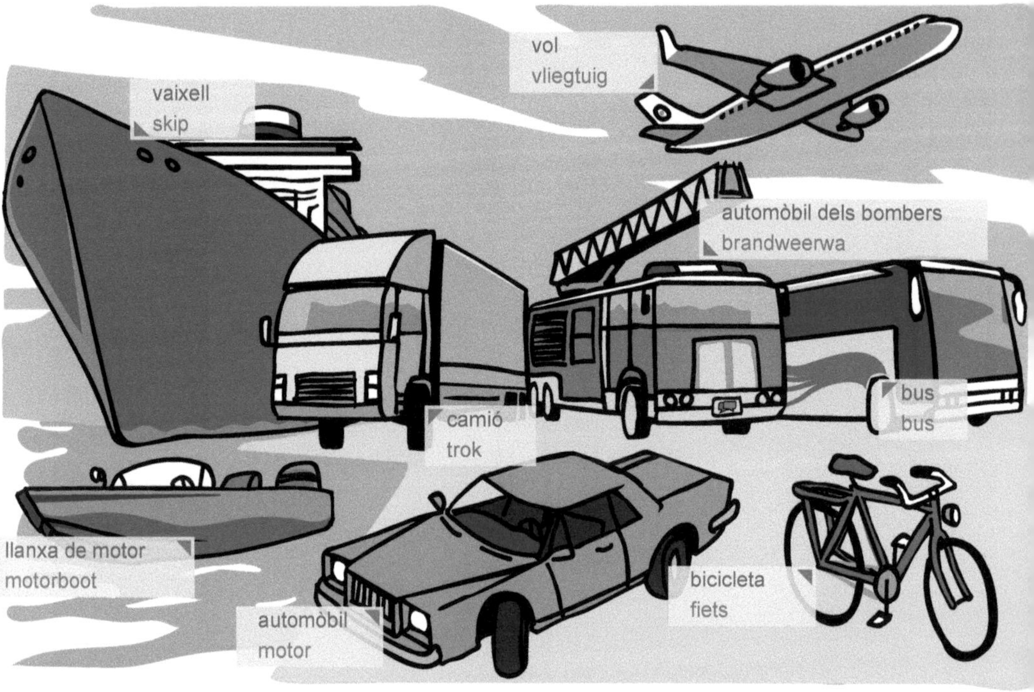

vol
vliegtuig
vaixell
skip
automòbil dels bombers
brandweerwa
bus
bus
camió
trok
llanxa de motor
motorboot
bicicleta
fiets
automòbil
motor

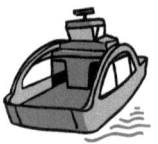

transbordador

veerboot

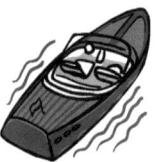

barca

boot

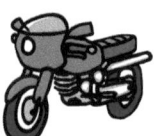

moto

motorfiets

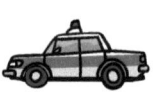

automòbil de policia

polisiemotor

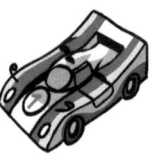

automòbil de curses

renmotor

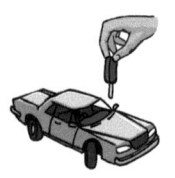

automòbil de lloguer

huurmotor

vehicle compartit

car-sharing

grua

insleepvoertuig

camió de les escombraries

vullisverwydering

motor

enjin

benzina

brandstof

benzineria

vulstasie

senyal de trànsit

verkeersteken

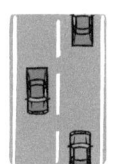

trànsit

verkeer

embús

verkeersknoop

aparcament

parkeerplek

estació de trens

stasie

vies

spore

tren

trein

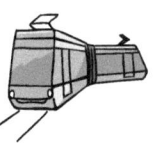

tramvia

tram

vagó

wa

helicòpter
helikopter

aeroport
lughawe

torre
toring

passatger
passasier

contenidor
houer

capsa de cartó
karton

carretó
karretjie

cistella
mandjie

enlairar-se / aterrar
opstyg / land

ciutat

stad

poble
dorpie

centre de la ciutat
middestad

casa
huis

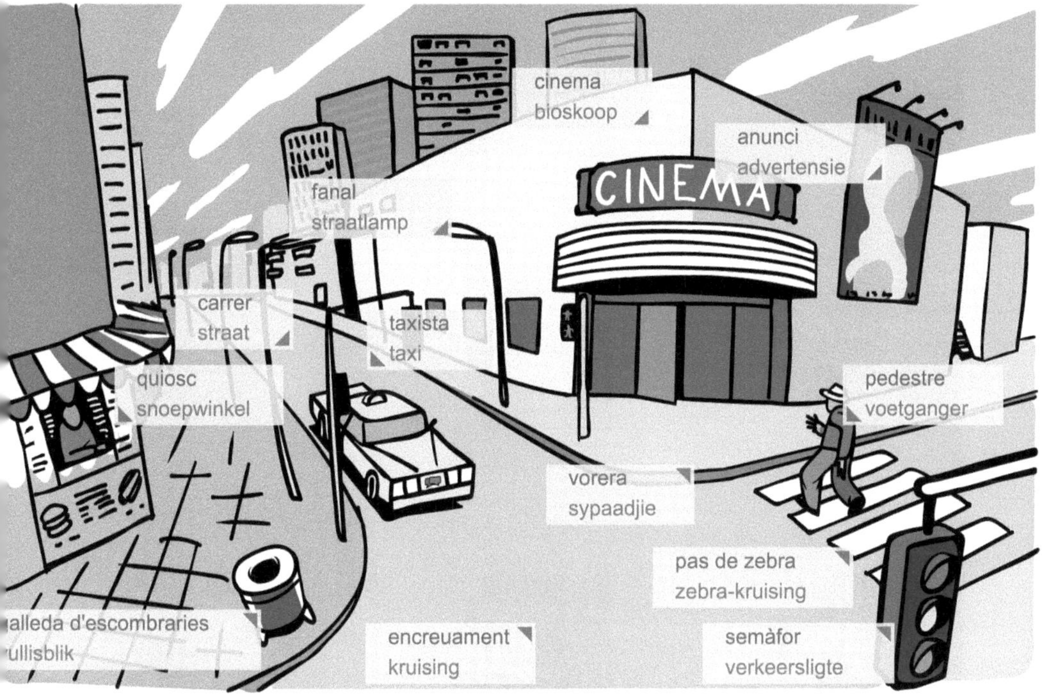

cinema
bioskoop

anunci
advertensie

fanal
straatlamp

CINEMA

carrer
straat

taxista
taxi

quiosc
snoepwinkel

pedestre
voetganger

vorera
sypaadjie

pas de zebra
zebra-kruising

alleda d'escombraries
vullisblik

encreuament
kruising

semàfor
verkeersligte

cabana

hut

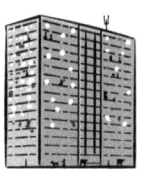

apartament

woonstel

estació de trens

stasie

casa de la vila-ciutat

stadsaal

museu

museum

escola

skool

ciutat - stad

11

universitat

universiteit

banca

bank

hospital

hospitaal

hotel

hotel

farmàcia

apteek

oficina

kantoor

llibreria

boekwinkel

botiga

winkel

floristeria

bloemis

supermercat

supermark

mercat

mark

gran magatzem

handelshuis

peixateria

viswinkel

centre comercial

inkopiesentrum

port

hawe

parc
park

banc
bankie

pont
brug

escala
trappe

metro
moltrein

túnel
tonnel

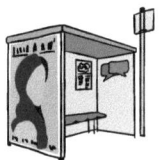

parada d'autobús
bushalte

bar
kroeg

restaurant
restaurant

bústia de correu
posbus

senyal indicador
straatnaambord

parquímetre
parkeermeter

zoo
dieretuin

piscina
swembad

mesquita
moskee

granja
plaas

pol·lució
besoedeling

cementiri
begraafplaas

església
kerk

parc infantil
speelgrond

temple
tempel

paisatge
landskap

fulla
blaar

cartell indicador
padwyser

camí
pad

prat
weiland

pedra
klip

excursionista
voetslaner

arbre
boom

riu
rivier

gespa
gras

flor
blom

vall
vallei

muntanya
heuwel

llac
meer

bosc
bos

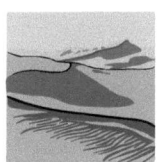

desert
woestyn

volcà
vulkaan

castell
kasteel

arc de Sant Martí
reënboog

bolet
sampioen

palmera
palmboom

moscard
muskiet

mosca
vlieg

formiga
mier

abella
by

aranya
spinnekop

paisatge - landskap

escarabat

miskruier

granota

padda

esquirol

eekhoring

eriçó

krimpvarkie

llebre

haas

òliba

uil

ocell

voël

cigne

swaan

senglar

wildevark

cervo

takbok

ant

elk

presa

opgaardam

turbina

windturbine

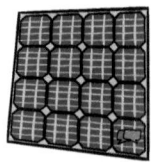

panell solar

sonpaneel

clima

klimaat

restaurant
restaurant

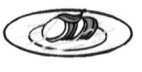

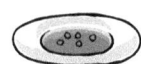

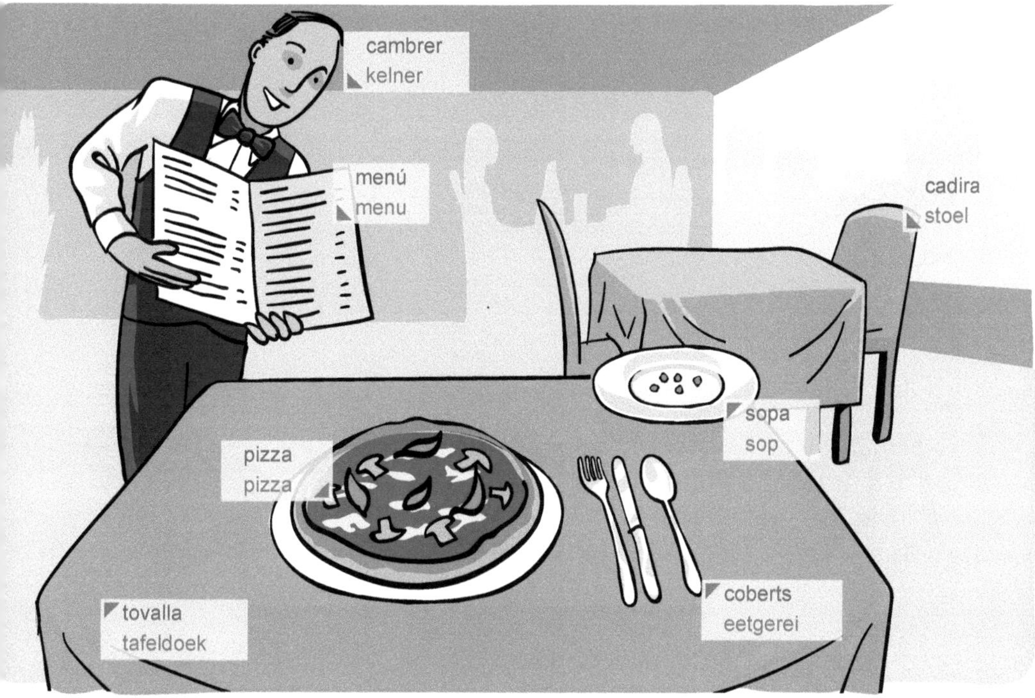
cambrer
kelner
menú
menu
cadira
stoel
sopa
sop
pizza
pizza
coberts
eetgerei
tovalla
tafeldoek

primer plat
voorgereg

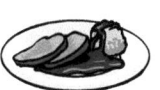

plat principal
hoofgereg

darreries
nagereg

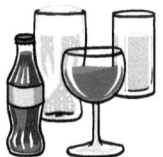

begudes
drankies

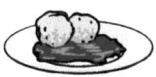

menjar
kos

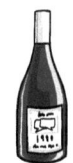

ampolla
bottel

menjar ràpid

kitskos

menjar de carrer

straatkos

tetera

teepot

sucrer

suikerverpakking

porció

porsie

màquina d'espresso

espresso masjien

trona

hoë stoel

factura

rekening

plata

skinkbord

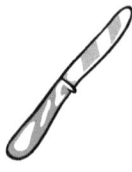

ganivet

mes

forqueta

vurk

cullera

lepel

cullereta

teelepel

tovalló

servet

got

glas

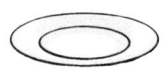

plat
gereg

plat de sopa
sopbakkie

plateret
piering

salsa
sous

saler
soutpot

molinet de pebre
pepermeul

vinagre
asyn

oli
olie

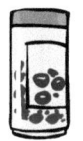

espècies
speserye

quètxup
tamatiesous

mostassa
mosterd

maionesa
mayonaise

supermercat
supermark

oferta especial
spesiale aanbieding
FOR
client
kliënt
productes lactis
suiwelprodukte
fruites
vrugte
carret de la compra
trollie

BUTCHERS

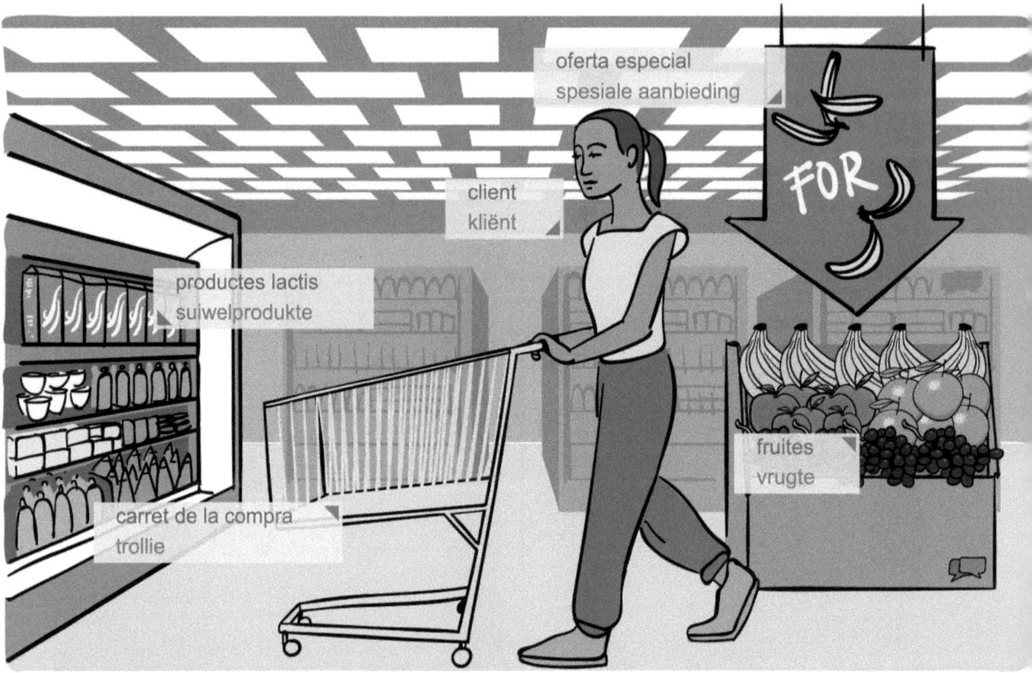

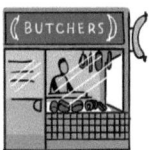

carnisseria
slaghuis

BAKERY

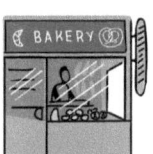

forn de pa
bakkery

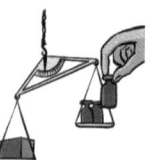

pesar
weeg

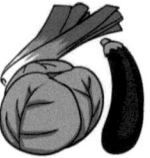

verdures
groente

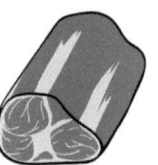

carn
vleis

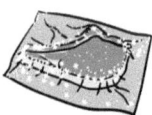

menjar congelat
bevrore voedsel

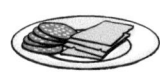

carn freda
kouevleis

conserves
blikkieskos

detergent en pols
waspoeier

dolços
lekkers

articles domèstics
huishoudelike produkte

productes de neteja
skoonmaakprodukte

venedora
verkoopsvrou

caixa registradora
kasregister

caixera
kassier

llista de la compra
inkopielys

horari d'obertura
besigheidsure

portamonedes
beursie

carta de crèdit
kredietkaart

bossa
sak

bossa de plàstic
plastieksak

aigua

water

suc

sap

llet

melk

coca-cola

coke

vi

wyn

cervesa

bier

alcohol

alkohol

cacau

kakao

te

tee

cafè

koffie

espresso

espresso

cappuccino

cappuccino

banana

piesang

poma

appel

taronja

lemoen

síndria

waatlemoen

llimona

suurlemoen

pastanaga

wortel

all

knoffel

bambú

bamboes

ceba

ui

bolet

sampioen

avellanes

neute

fideus

noedels

espaguetis

spaghetti

arròs

rys

amanida

slaai

patates fregides

aartappelskyfies

patates fregides

gebraaide aartappels

pizza

pizza

hamburguesa

hamburger

entrepà

toebroodjie

escalopa

kotelet

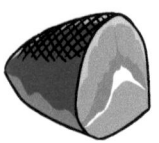

cuixot

ham

salami

salami

salsitxa

wors

pollastre

hoender

rostit

braaivleis

peix

vis

flocs de civada

hawermoutflokkies

musli

muesli

cereals

graanvlokkies

farina

meel

croissant

croissant

panet

broodrolletjie

pa

brood

torrada

roosterbrood

bescuits

koekies

mantega

botter

mató

dikmelk

pastís

koek

ou

eier

ou fregit

gebraaide eier

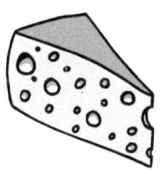

formatge

kaas

gelat

roomys

sucre

suiker

mel

heuning

melmelada

konfyt

crema de xocolata

nougat-smeer

curri

kerrie

granja
plaas

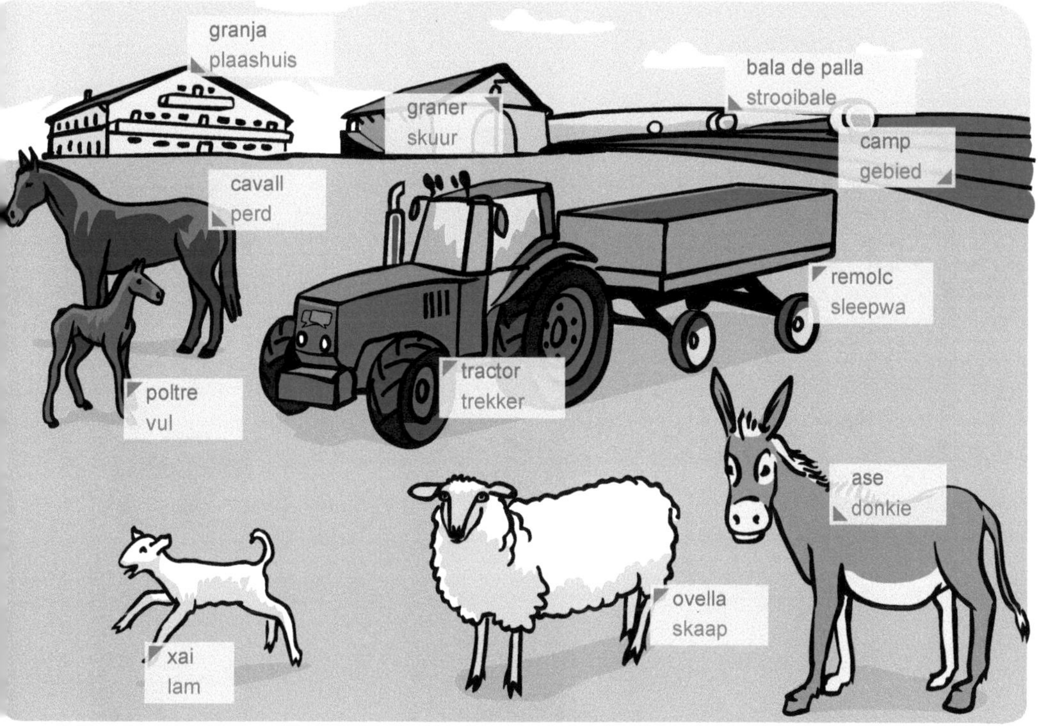
granja
plaashuis
graner
skuur
bala de palla
strooibale
camp
gebied
cavall
perd
remolc
sleepwa
tractor
trekker
poltre
vul
ase
donkie
ovella
skaap
xai
lam

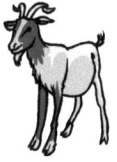

cabra

bok

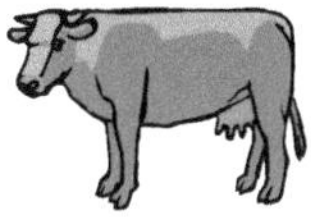

vaca

koei

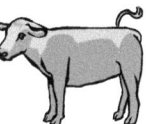

vedella

kalf

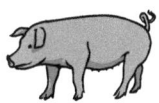

porc

vark

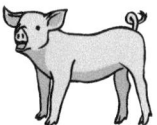

garrí

varkie

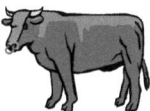

bou

bul

oca
gans

ànec
eend

poll
kuiken

gall
hen

gallina
haan

rata
rot

gat
kat

ratolí
muis

bou
os

gos
hond

gossera
hondehok

mànega de regar
tuinslang

regadora
gieter

dalla
sens

arada
ploeg

falç

sekel

aixada

skoffel

forca

gaffel

destral

byl

carretó

kruiwa

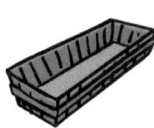

abeurador

trog

lletera

melkkan

sac

sak

tanca

heining

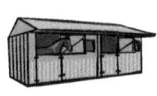

establa

stal

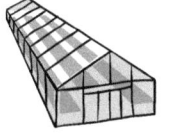

hivernacle

kweekhuis

sòl

grond

llavor

saad

adob

kunsmis

collidora

stroper

collir

oes

collita

oes

nyam

yam

blat

koring

soja

soja

patata

aartappel

blat de moro o d'indi

koring

colza

raapsaad

arbre fruiter

vrugteboom

mandioca

broodwortel

cereals

graan

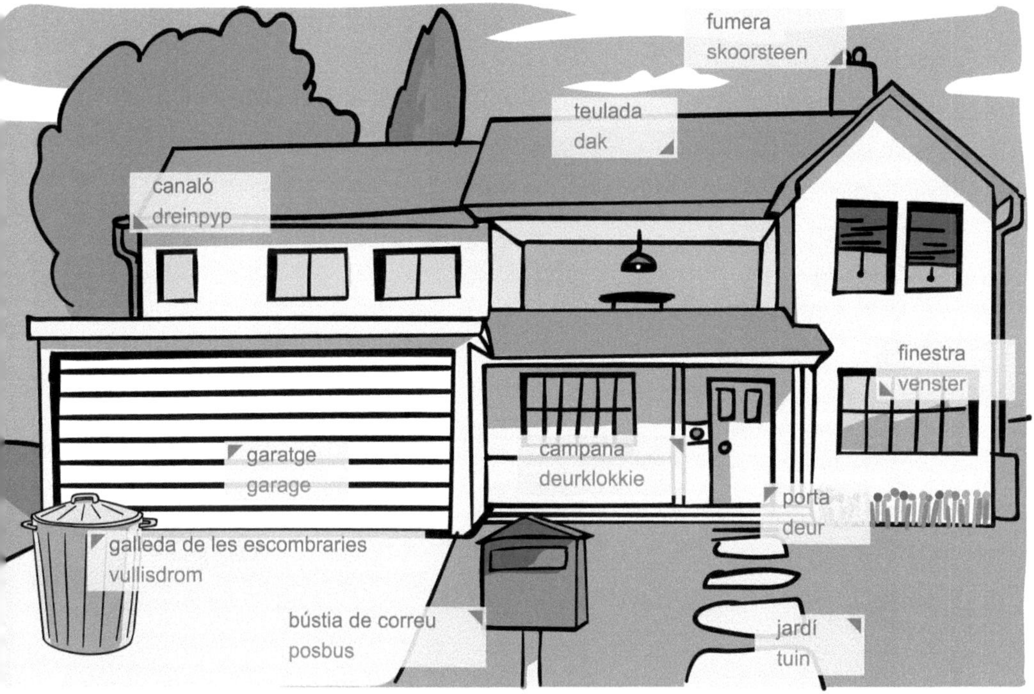

fumera
skoorsteen

teulada
dak

canaló
dreinpyp

finestra
venster

garatge
garage

campana
deurklokkie

porta
deur

galleda de les escombraries
vullisdrom

bústia de correu
posbus

jardí
tuin

sala d'estar

woonkamer

bany

badkamer

cuina

kombuis

cambra de dormir

slaapkamer

cambra de nen

kinderkamer

menjador

eetkamer

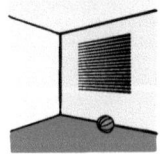

sòl
vloer

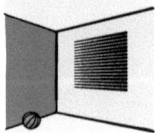

paret
muur

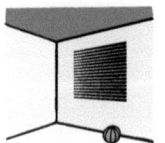

sostre
plafon

soterrani
kelder

sauna
sauna

balcó
balkon

terrassa
terras

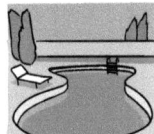

piscina
swembad

tallagespa
grassnyer

vànova
beddegoedoortreksel

cobrellit
deken

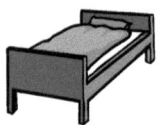

llit
bed

escombra
besem

galleda
emmer

interruptor
skakelaar

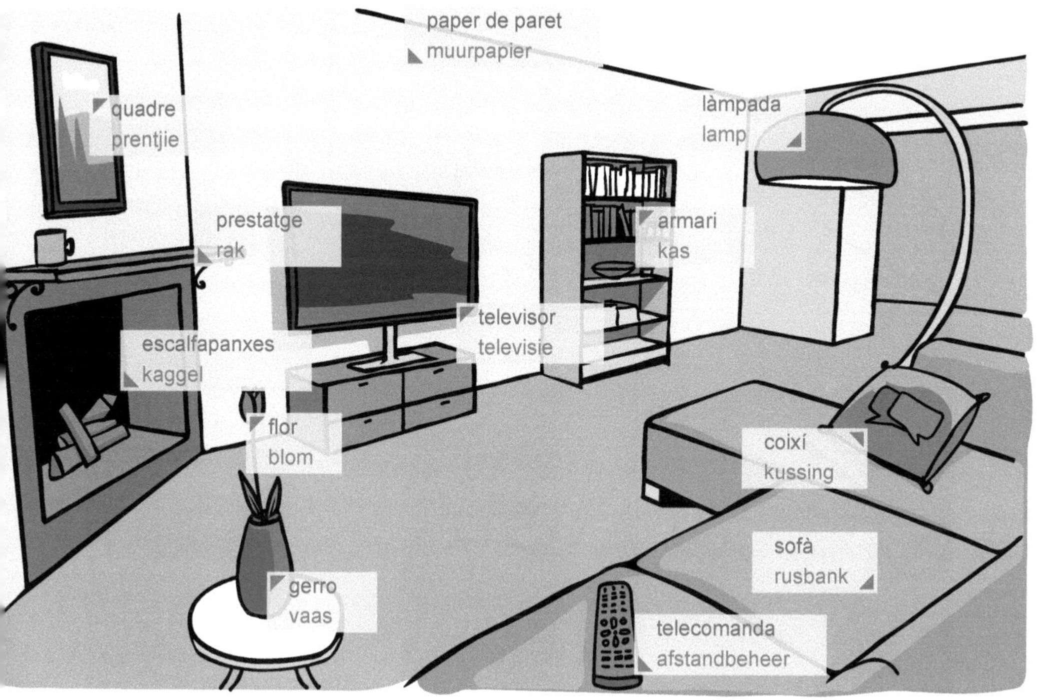

paper de paret
muurpapier

quadre
prentjie

làmpada
lamp

prestatge
rak

armari
kas

televisor
televisie

escalfapanxes
kaggel

flor
blom

coixí
kussing

sofà
rusbank

gerro
vaas

telecomanda
afstandbeheer

catifa
mat

cortina
gordyn

taula
tafel

cadira
stoel

cadira gronxadora
wiegstoel

cadiral
leunstoel

llibre

boek

llençol

kombers

decoració

versiering

llenya

vuurmaakhout

film

film

cadena de música

hoëtroustel

clau

sleutel

diari

koerant

pintura

skildery

cartell

plakkaat

ràdio

radio

bloc de notes

notaboekie

aspiradora

stofsuier

cactus

kaktus

candela

kers

cuina
kombuis

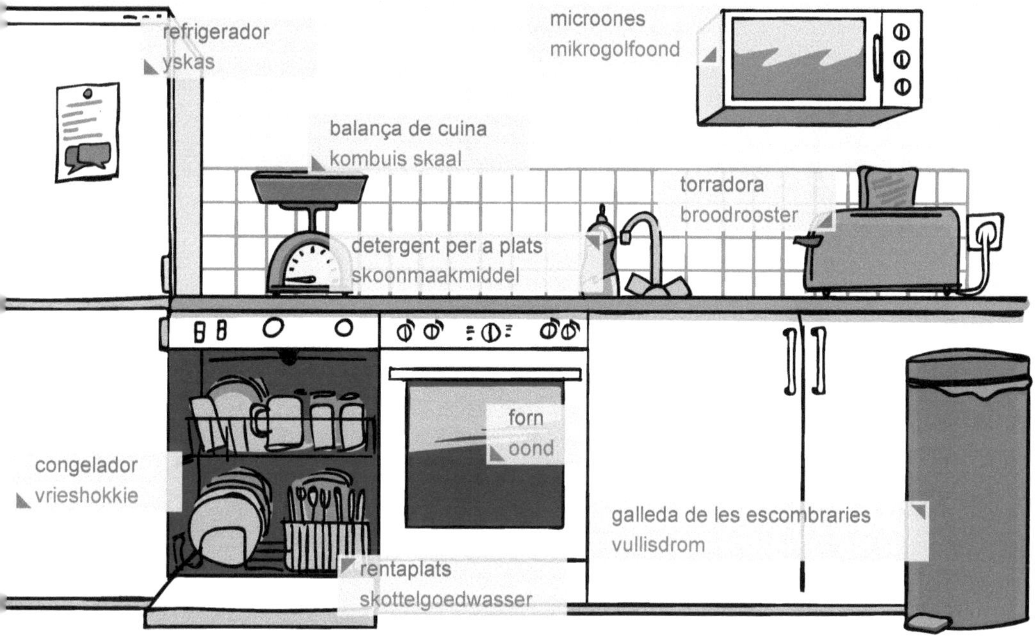
refrigerador
yskas
microones
mikrogolfoond
balança de cuina
kombuis skaal
torradora
broodrooster
detergent per a plats
skoonmaakmiddel
forn
oond
congelador
vrieshokkie
galleda de les escombraries
vullisdrom
rentaplats
skottelgoedwasser

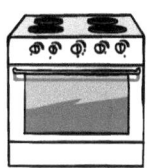

cuina de fogons

drukkoker

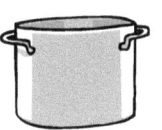

olla

pot

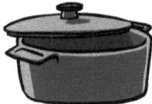

olla de ferro colat

ysterpot

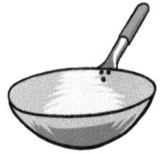

wok / karahi

wok / kadai

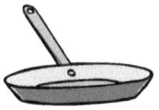

paella

pan

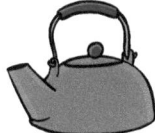

bullidor

ketel

olla de vapor

stoomkoker

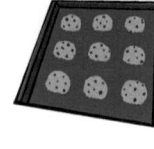

plata de forn

bakplaat

vaixella

breekware

tassa grossa

beker

bol

bak

bastonets xinesos

eetstokkie

culler

skeplepel

espàtula

spatel

batedor

klitser

colador

sif

sedàs

sif

ratllador

rasper

morter

vysel

barbacoa

braai

foc a terra

oop vuur

taula de tallar

broodplank

corró

koekroller

llevataps

kurktrekker

pot de conserva

kan

obridor

blikoopmaker

agafador

vatlap

aigüera

opwasbak

raspall

borsel

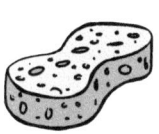

esponja

spons

batedora

menger

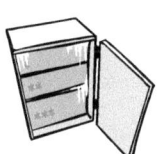

congelador

vrieskas

biberó

bababottel

aixeta

kraan

bany

badkamer

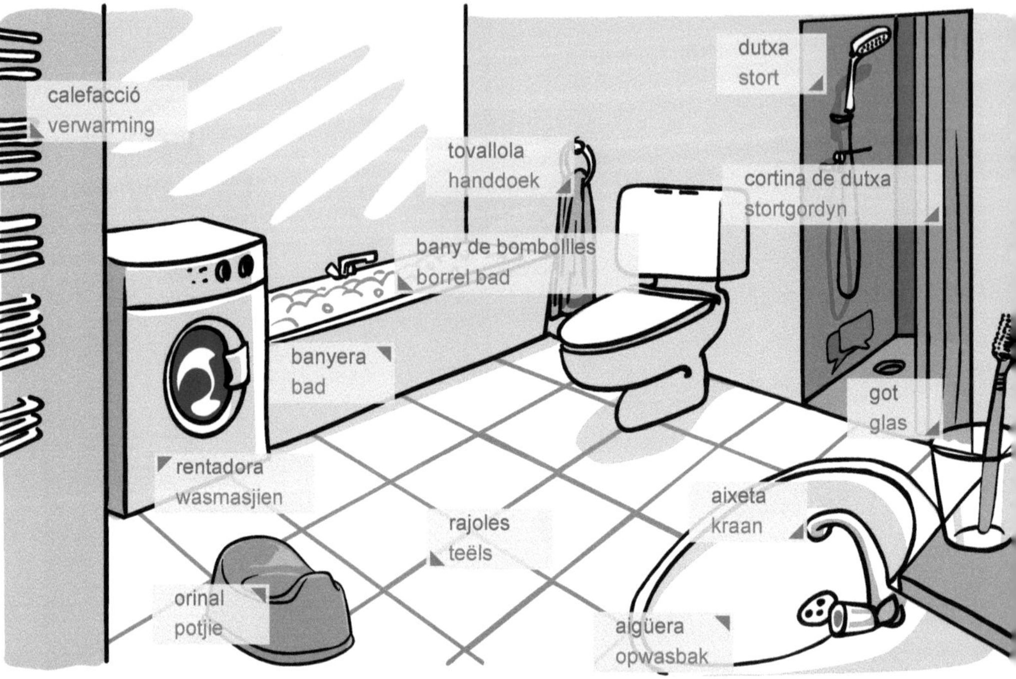

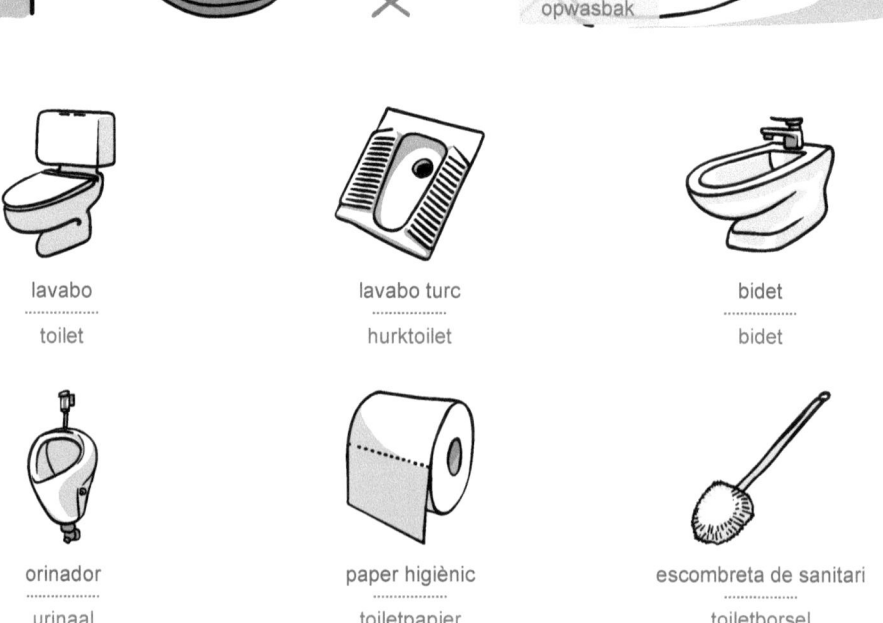

calefacció
verwarming
tovallola
handdoek
dutxa
stort
cortina de dutxa
stortgordyn
bany de bombolles
borrel bad
banyera
bad
rentadora
wasmasjien
got
glas
aixeta
kraan
rajoles
teëls
orinal
potjie
aigüera
opwasbak

lavabo

toilet

lavabo turc

hurktoilet

bidet

bidet

orinador

urinaal

paper higiènic

toiletpapier

escombreta de sanitari

toiletborsel

raspall de dents

tandeborsel

pasta de dents

tandepasta

fil dental

tande vlos

rentar

was

pom de dutxa

handstort

dutxa íntima

stort

rentamans

wasbak

raspall per a l'esquena

rugkantborsel

sabó

seep

gel de dutxa

stortgel

xampú

sjampoe

manyopla de bany

flanel

bonera

drein

crema

room

desodorant

reukweerder

mirall

spieël

mirall-espill de mà

spieëltjie

maquineta de rasar

skeermes

espuma de barbejar

skeerroom

loció post-rasada

naskeermiddel

pinta

kam

raspall

borsel

eixugador

haardroër

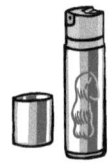

laca

haarsproei

maquillatge

grimmering

pintallavis

lipstifie

esmalt d'ungles

naellak

cotó

watte

tallaungles

naelknipper

perfum

parfuum

estoig de bellesa

toiletsakkie

tamboret

stoel

bàscula

skaal

barnús

badjas

guants de goma

rubberhandskoene

compresa higiènica

tampon

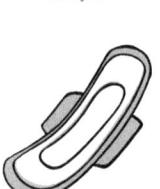

compresa

sanitêre handdoek

sanitari químic

chemiese toilet

cambra de nen
kinderkamer

despertador
wekker
animal de peluix
snoesige speelding
auto de joguina
speelgoedkarretjie
sonall
ratel
casa de nines
pophuis
present
geskenk

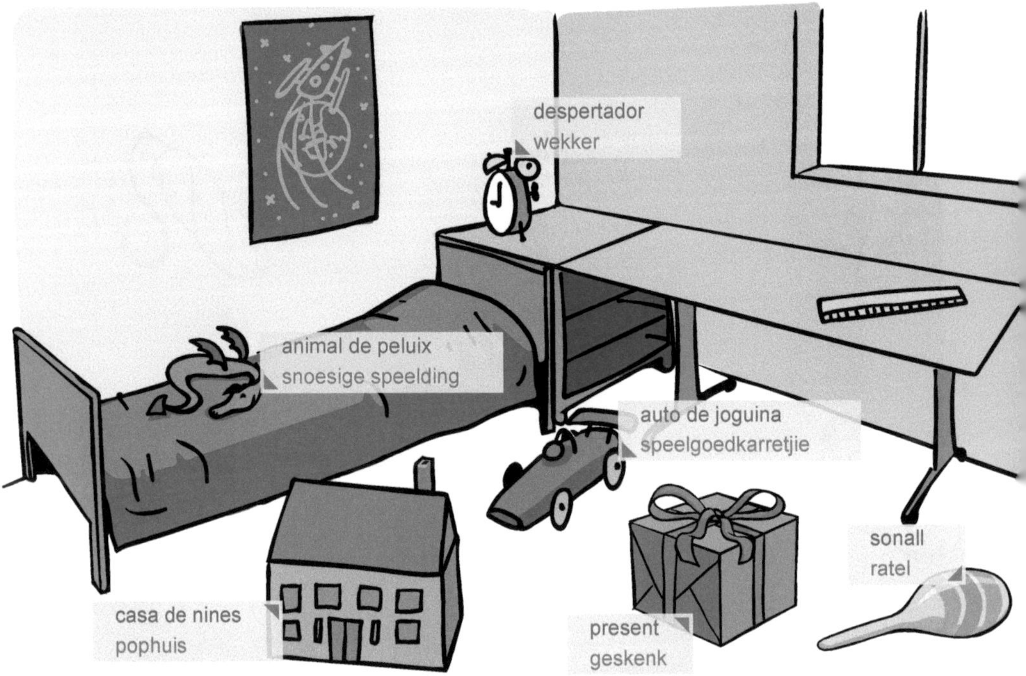

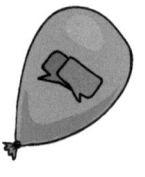

baló
ballon

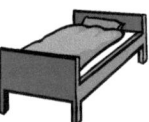

llit
bed

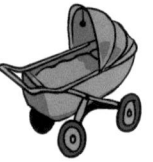

cotxet per a nens
stootwaentjie

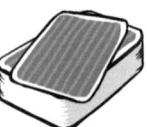

joc de cartes
kaartespel

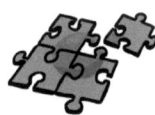

trencaclosca
legkaart

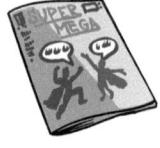

historieta
tekenprent

peces de lego
lego-blokkies

peces de construcció
speelgoedblokke

ninot d'acció
animasieheld

granota
groeipakkie

frisbee
frisbee

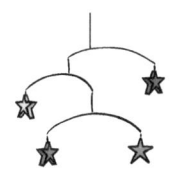

mòbil per a bressol
mobile

joc de taula
bordspeletjie

daus
dobbelsteen

tren elèctric
model trein stel

xumet
fopspeen

festa
partytjie

llibre de dibuixos
prenteboek

pilota
bal

nina
pop

jugar
speel

sorrera

sandput

gronxador

swaai

joguines

speelgoed

consola de jocs de vídeo

videospeletjie-konsole

tricicle

driewiel

osset de peluix

teddiebeer

armari

klerekas

roba
klere

mitjons

sokkies

mitges

kouse

mitja pantaló

broekiekouse

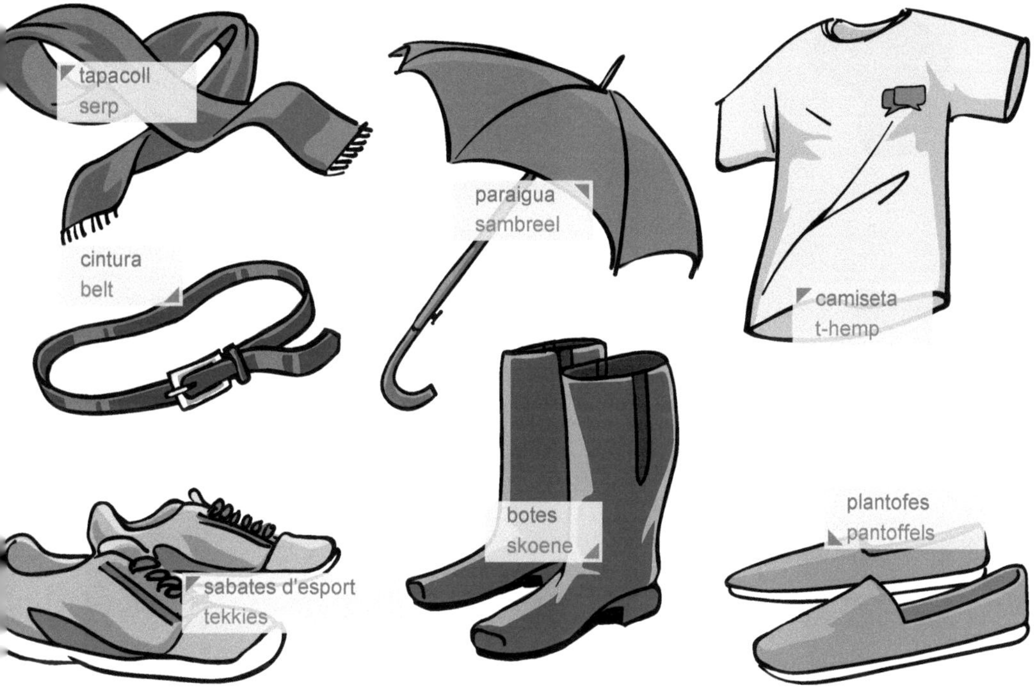

tapacoll
serp

paraigua
sambreel

cintura
belt

camiseta
t-hemp

botes
skoene

plantofes
pantoffels

sabates d'esport
tekkies

sandàlies

sandale

sabates

skoene

botes de goma

rubber stewels

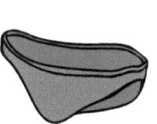

calçonets

onderbroek

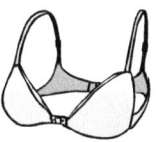

sostenidor

bra

guardapits

onderbaadjie

jjustacòs

liggaam

pantalons

broek

jeans

jeans

faldeta

romp

brusa

bloes

camisa

hemp

jersei

oortrektrui

dessuadora

oortrektrui

blazer

baadjie

jaqueta

baadjie

mantell

jas

impermeable

reënjas

vestit de dona

kostuum

vestit de dona

rok

vestit de núvia

trourok

vestit d'home

pak

camisa de dormir

nagrok

pijama

pajamas

sari

sari

mocador de cap

kopdoek

turbant

tulband

burca

burqa

caftan

kaftan

abaia

abaya

vestit de bany

swembroek

calçon(et)s de bany

swembroek

pantalons curts

kortbroek

xandall

sweetpak

davantal

voorskoot

guants

handskoene

botó

knoppie

ulleres

bril

braçalet

armband

collaret

halssnoer

anell

ring

orellera

oorbel

casquet

pet

penjador

klerehanger

capell

hoed

corbata

das

cremallera

rits

casc

helmet

elàstics

draadjies

uniforme escolar

skooluniform

uniforme

uniform

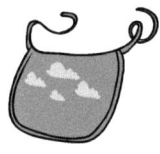

pitet

bib

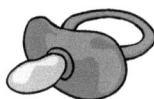

xumet

fopspeen

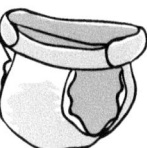

bolquer

doek

oficina
kantoor

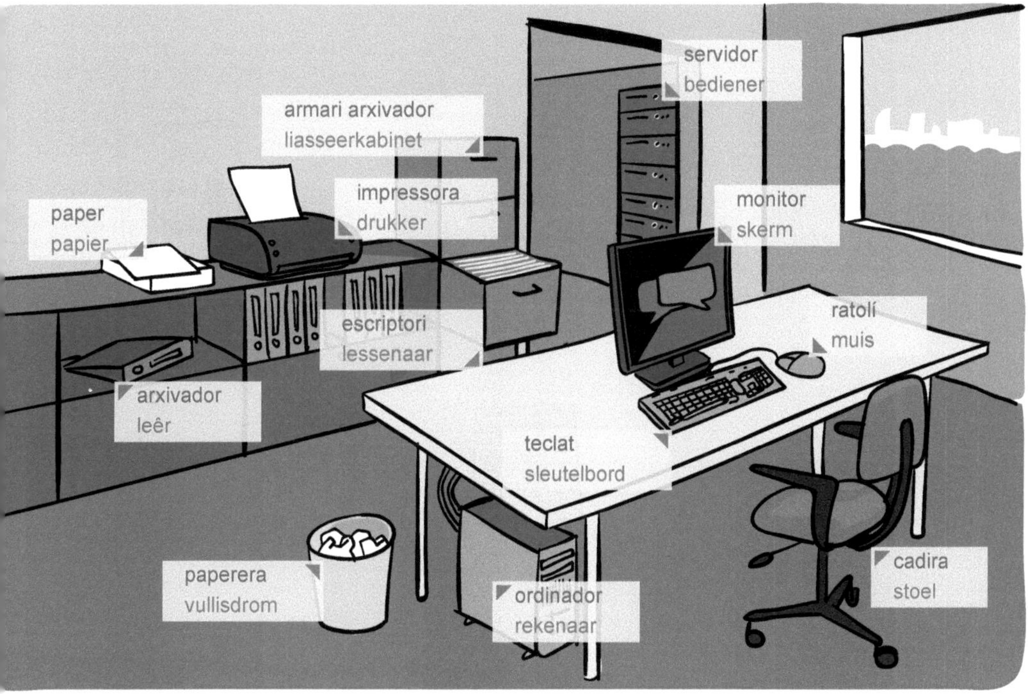
servidor
bediener
armari arxivador
liasseerkabinet
impressora
drukker
paper
papier
monitor
skerm
escriptori
lessenaar
ratolí
muis
arxivador
leêr
teclat
sleutelbord
paperera
vullisdrom
ordinador
rekenaar
cadira
stoel

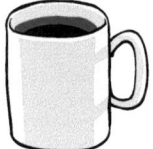

tassa de cafè

koffiebeker

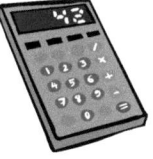

calculadora

sakrekenaar

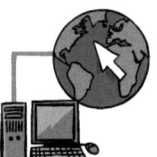

Internet

internet

ordinador portàtil

skootrekenaar

lletra

brief

missatge

boodskap

mòbil

selfoon

xarxa

netwerk

fotocopiadora

fotostaatmasjien

programari

sagteware

telèfon

telefoon

presa de corrent

muurprop

fax

faksmasjien

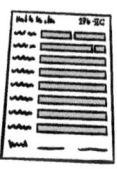

formulari

vorm

document

dokument

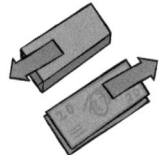

comprar
koop

pagar
betaal

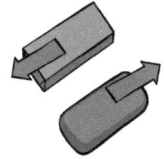

comerciar
besigheid doen

diners
geld

 **USD**

dòlar
dollar

 **EUR**

euro
euro

 **JPY**

ien
yen

 **RUB**

ruble
roebel

 **CHF**

franc suís
switserse frank

 **CNY**

renminbi
renminbi yuan

 **INR**

rupia
rupee

caixa automàtica
kontantteller (ATM)

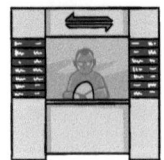

oficina de canvi

bureau de change

or

goud

argent

silwer

petroli

olie

energia

energie

preu

prys

contracte

kontrak

impost

belasting

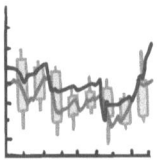

acció

aandele

treballar

werk

treballador

werknemer

empresari

werkgewer

fàbrica

fabriek

botiga

winkel

economia - ekonomie

oficial de policia
polisiebeampte

bomber
brandweerman

cuiner
kok

doctora
dokter

pilot
vlieënier

jardiner
tuinier

fuster
timmerman

costurera
naaldwerkster

jutge
regter

química
chemikus

actor
akteur

conductor d'autobús

busbestuurder

taxista

taxibestuurder

pescador

visserman

dona de la neteja

skoonmaakvrou

ensostrador

dakwerker

cambrer

kelner

caçador

jagter

pintor

skilder

forner

bakker

electricista

elektrisiën

obrer de la construcció

bouer

enginyer

ingenieur

carnisser

slagter

llanterner

loodgieter

correu

posman

soldat

soldaat

arquitecte

argitek

caixera

kassier

florista

bloemiste

perruquer

haarkapper

revisor

kondukteur

mecànic

werktuigkundige

capità

kaptein

dentista

tandarts

científic

wetenskaplike

rabí

rabbi

imam

imam

monjo

monnik

capellà

predikant

eines
gereedskap

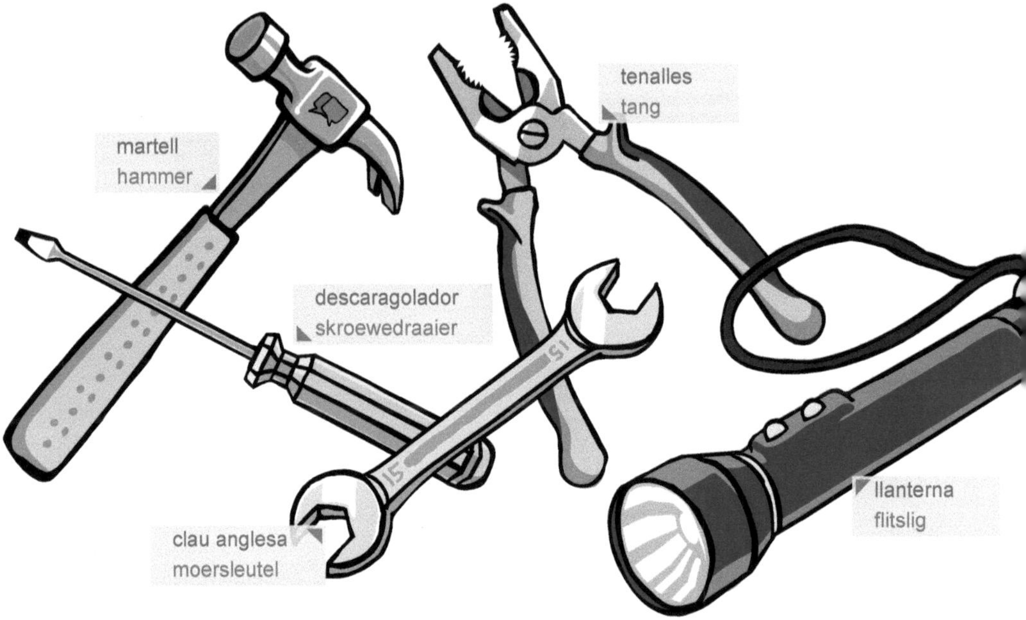
martell
hammer
tenalles
tang
descaragolador
skroewedraaier
llanterna
flitslig
clau anglesa
moersleutel

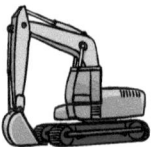

excavadora

graaftoestel

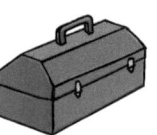

caixa d'eines

gereedskapskis

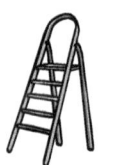

escala

leer

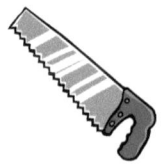

serra

saag

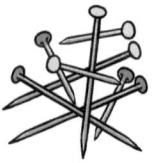

claus

naels

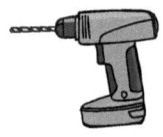

trepant

boor

reparar
....
regmaak

pala
....
graaf

Maleït siga!
....
verdomp!

pala
....
skoppie

pot de pintura
....
verfpot

caragols
....
skroewe

instrument de música
musiekinstrumente

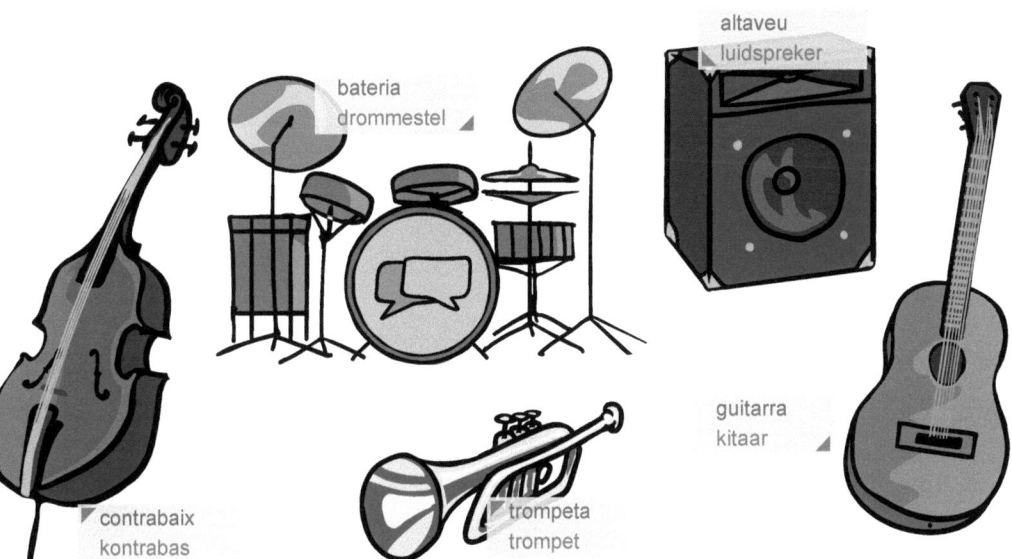

altaveu
luidspreker

bateria
drommestel

guitarra
kitaar

contrabaix
kontrabas

trompeta
trompet

piano

klavier

violí

viool

baix

bas

timbal

keteltrom

tambor

dromme

teclat

sleutelbord

saxofon

saksofoon

flauta

fluit

micròfon

mikrofoon

instrument de música - musiekinstrumente

zoo

dieretuin

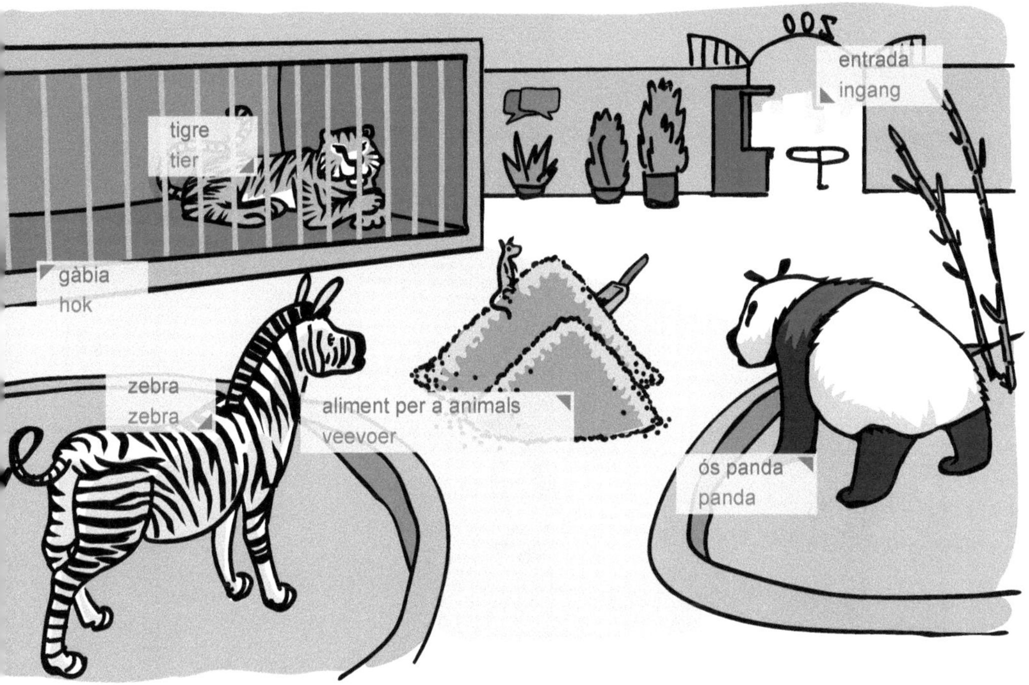

tigre
tier
gàbia
hok
entrada
ingang
zebra
zebra
aliment per a animals
veevoer
ós panda
panda

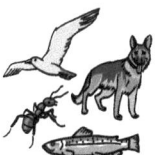

animals

diere

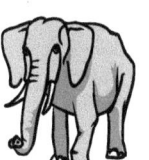

elefant

olifant

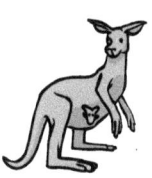

cangurú

kangaroo

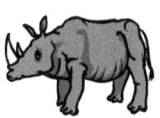

rinoceront

renoster

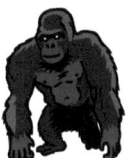

goril·la

gorilla

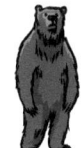

ós

beer

camell

kameel

estruç

volstruis

lleó

leeu

simi

aap

flamenc

flamink

papagai

papegaai

ós polar

ysbeer

pingüí

pikkewyn

ca mari

haai

paó

pou

serp

slang

cocodril

krokodil

guardià del zoo

dieretuinopsigter

foca

rob

jaguar

jaguar

zoo - dieretuin

poni

ponie

lleopard

luiperd

hipopòtam

seekoei

girafa

kameelperd

àliga

arend

senglar

wildevark

peix

vis

tortuga

skilpad

morsa

walrus

guineu

jakkals

gasela

gemsbok

futbol americà
Amerikaanse Voetbal

ciclisme
fietsry

tenis
tennis

bàsquet
basketbal

natació
swem

boxa
boks

hoquei sobre gel
ys-hokkie

futbol americà
sokker

bàdminton
pluimbal

atletisme
atletiek

handbol
handbal

esquí
ski

polo
polo

riure
lag

saltar
spring

abraçar
drukkie

cantar
sing

anar
loop

somiar
droom

pregar
bid

fer un petó
soen

escriure
skryf

dibuixar
teken

mostrar
show

pitjar
druk

donar
gee

prendre
neem

tenir

het

fer

doen

ésser

wees

estar dret

staan

córrer

hardloop

estirar

trek

llançar

gooi

caure

val

jeure

jok

esperar

wag

portar

dra

asseure's

sit

vestir-se

aantrek

dormir

slaap

despertar-se

wakker word

mirar

kyk na

plorar

huil

amoixar

streel

pentinar

kam

parlar

praat

comprendre

verstaan

demanar

vra

escoltar

luister

beure

drink

menjar

eet

endreçar

opruim

estimar

liefhê

cuinar

kook

conduir

ry

volar

vlieg

navegar

seil

calcular

bereken

llegir

lees

aprendre

leer

treballar

werk

casar-se

trou

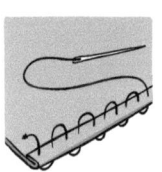

cosir

naai

raspallar-se les dents

tande borsel

matar

doodmaak

fumar

rook

enviar

stuur

família
familie

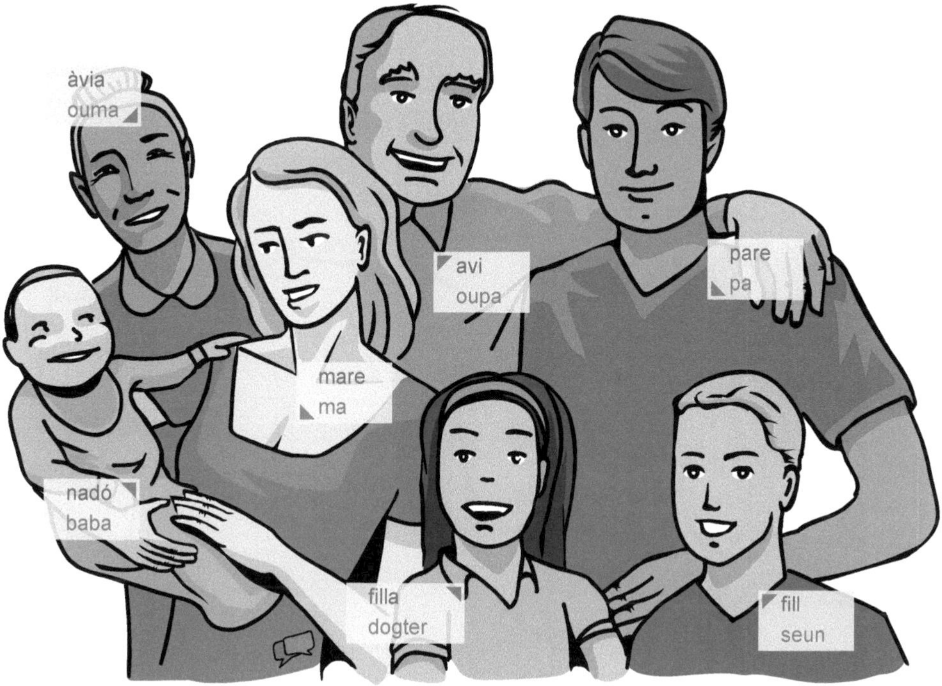
àvia
ouma
avi
oupa
pare
pa
mare
ma
nadó
baba
filla
dogter
fill
seun

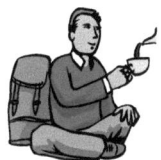

convidat

gas

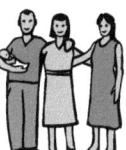

tia

tannie

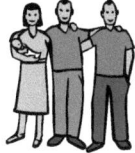

oncle

oom

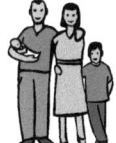

germà

broer

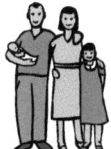

germana

suster

cos
liggaam

front
voorkop
ull
oog
espatlla
skouer
dit
vinger
cara
gesig
barbeta
ken
mà
hand
cama
been
pit
bors
braç
arm

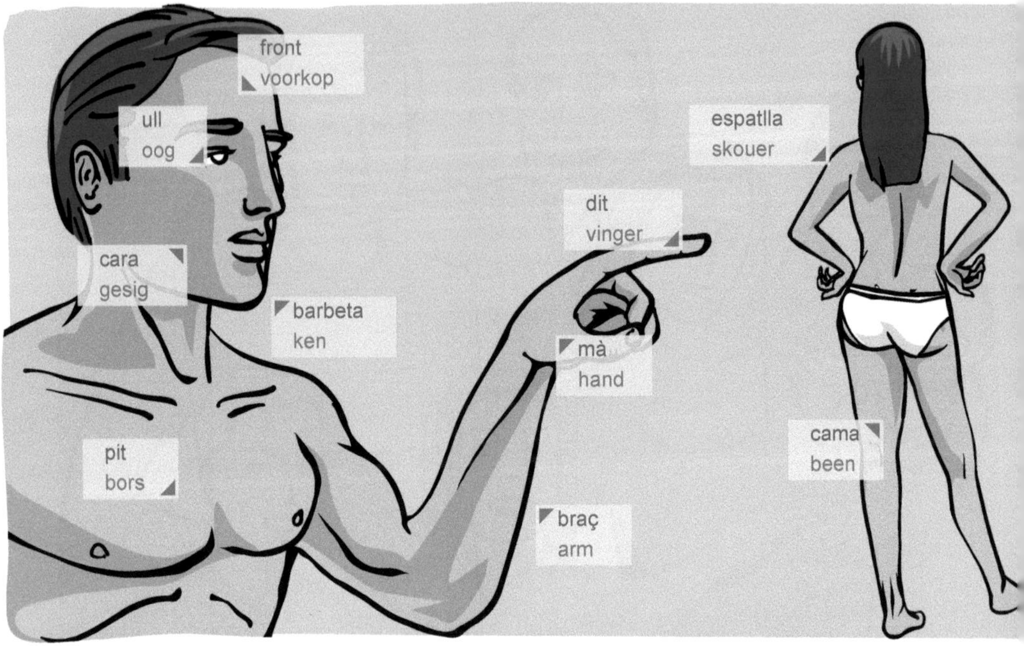

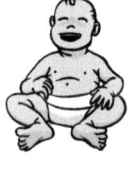

nadó

baba

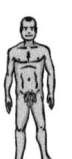

home

man

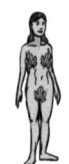

dona

vrou

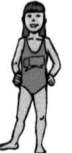

noia

meisie

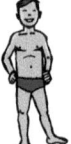

noi

seun

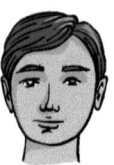

cap

kop

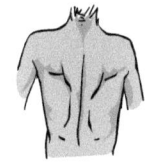

esquena
rug

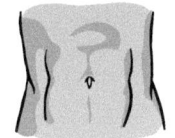

panxa
buik

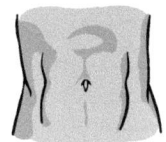

melic
naelstring

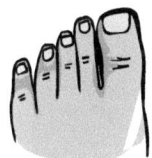

dit gros del peu
toon

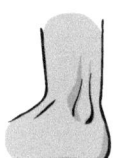

taló
hak

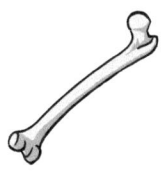

os
been

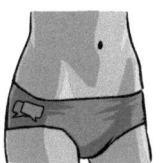

maluc
heup

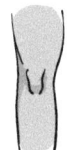

genoll
knie

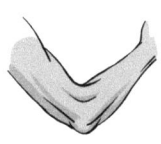

colze
elmboog

nas
neus

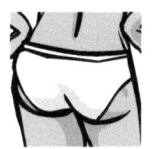

cul
boude

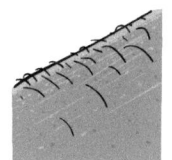

pell
vel

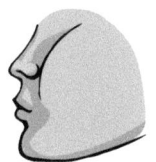

galta
wang

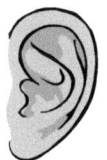

orella
oor

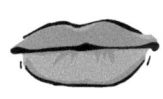

llavi
lippe

boca

mond

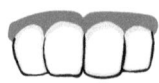

dent

tand

llengua

tong

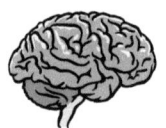

cervell

brein

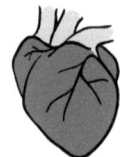

cor

hart

múscul

spiere

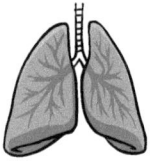

pulmó

long

fetge

lewer

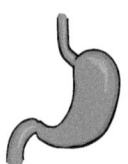

estómac

maag

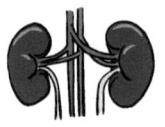

ronyó

niere

relació sexual

seks

preservatiu

kondoom

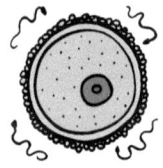

ovari

eierstok

semen

semen

prenyat

swangerskap

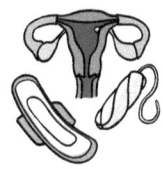

menstruació

menstruasie

vagina

vagina

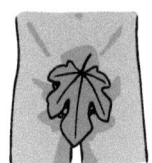

penis

penis

cella

wenkbrou

cabells

hare

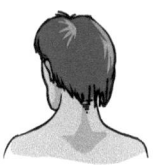

coll

nek

hospital
hospitaal

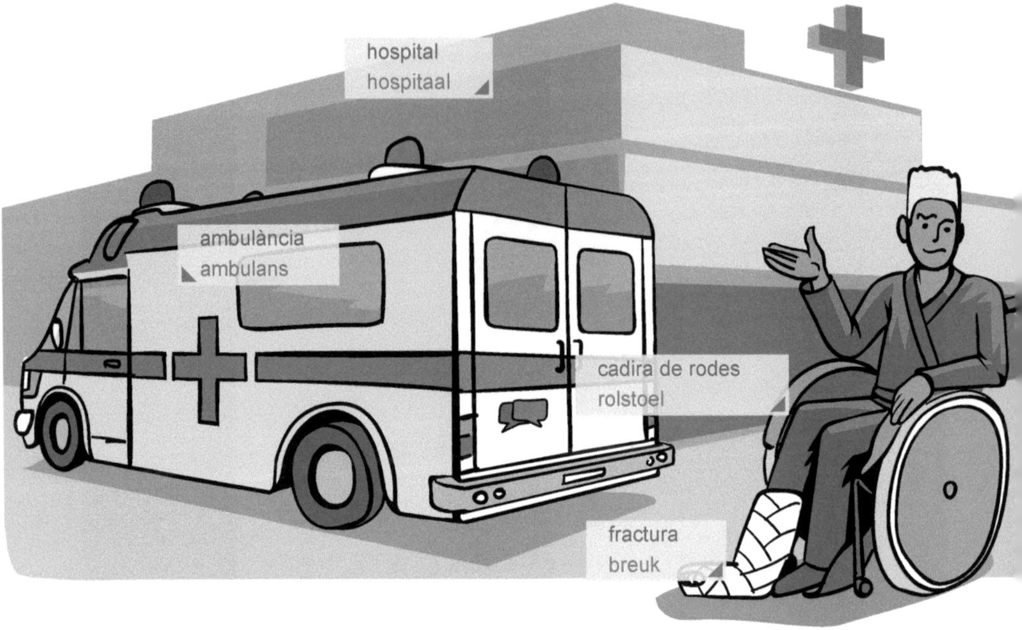

hospital
hospitaal
ambulància
ambulans
cadira de rodes
rolstoel
fractura
breuk

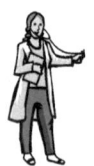

doctora

dokter

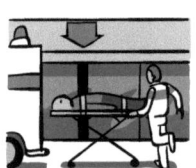

sala d'urgències

ongevalle

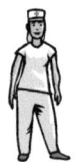

infermera

verpleegster

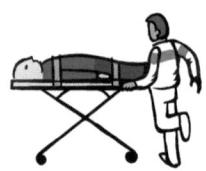

urgència

noodgeval

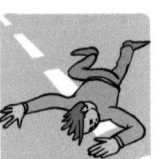

inconscient

bewusteloos

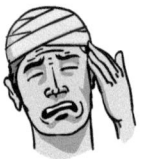

dolor

pyn

ferida

besering

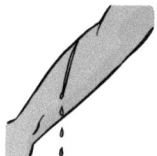

sagnament

bloeding

atac de cor

hartaanval

apoplexia

beroerte

al·lèrgia

allergie

tos

hoes

febre

koors

gripa

griep

diarrea

diarree

mal de cap

hoofpyn

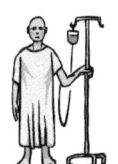

càncer

kanker

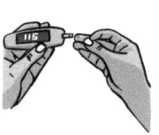

diabetis

diabetes

cirurgià

chirurg

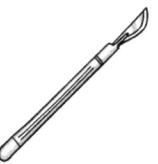

escalpel

skalpel

operació

operasie

tomografia computada (TC),
TAC
CT

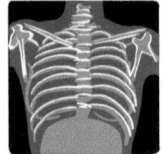

raigs x
X-straal

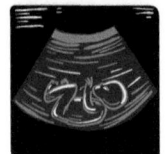

ultrasò
ultraklank

mascareta
gesigmasker

malaltia
siekte

sala d'espera
wagkamer

crossa
kruk

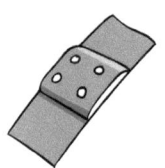

tireta
gips

embenat
verband

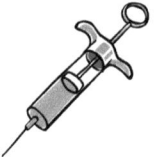

injecció
inspuiting

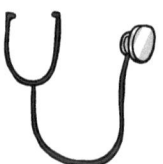

estetoscopi
stetoskoop

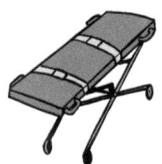

llitera
draagbaar

termòmetre clínic
kliniese termometer

pariment
geboorte

sobrepès
oorgewig

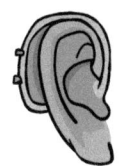

aparell auditiu

gehoorapparaat

desinfectant

ontsmettingsmiddel

infecció

infeksie

virus

virus

VIH / SIDA

MIV / vigs

medicina

medisyne

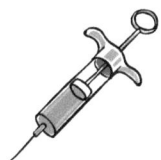

vaccí

inenting

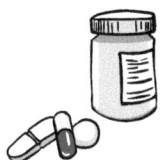

comprimits

tablette

píl·lola

pil

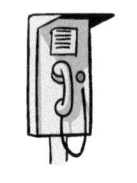

trucada d'urgència

noodoproep

tensiòmetre

blooddrukmonitor

malalt / sà

siek / gesond

Socors!

Help!

alarma

alarm

assalt

aanranding

atac

aanval

perill

gevaar

sortida-eixida d'urgència

nooduitgang

Foc!

Brand!

extintor

brandblusser

accident

ongeluk

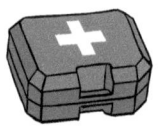

farmaciola de primers auxilis

noodhulpkissie

SOS

SOS

policia

polisie

Europa

Europa

Amèrica del Nord

Noord-Amerika

Amèrica del Sud

Suid-Amerika

Àfrica

Afrika

Àsia

Asië

Austràlia

Australië

Atlàntic

Atlantiese Oseaan

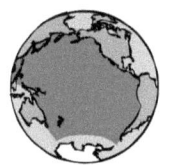

Pacífic

Stille Oseaan

Oceà Índic

Indiese Oseaan

Oceà Antàrtic

Antarktiese Oseaan

Oceà Àrtic

Arktiese Oseaan

pol nord

Noordpool

pol sud
Suidpool

Antàrtida
Antarktika

terra
aarde

país
land

mar
see

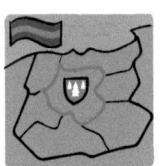

illa
eiland

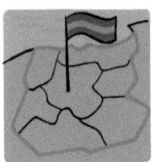

nació
nasie

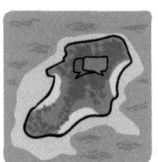

estat
staat

quadrant

horlosie

agulla de les hores

uur-aanwyser

agulla dels minuts

minuut-aanwyser

agulla dels segons

sekonde-aanwyser

Quina hora és?

Hoe laat is dit?

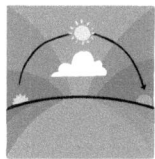

dia

dag

temps

tyd

ara

nou

rellotge digital

digitale horlosie

minut

minuut

hora

uur

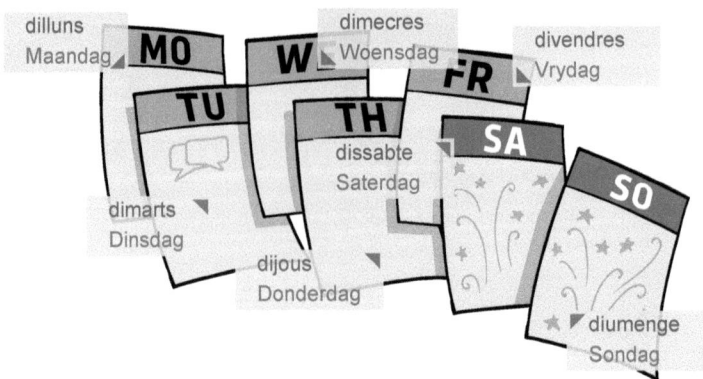

dilluns
Maandag

dimecres
Woensdag

divendres
Vrydag

dissabte
Saterdag

dimarts
Dinsdag

dijous
Donderdag

diumenge
Sondag

ahir

gister

avui

vandag

demà

môre

matí

oggend

migdia

middag

tarda

aand

MO	TU	WE	TH	FR	SA	SU
1	2	3	4	5	6	7
8	9	10	11	12	13	14
15	16	17	18	19	20	21
22	23	24	25	26	27	28
29	30	31	1	2	3	4

dia feiner

werksdae

MO	TU	WE	TH	FR	SA	SU
1	2	3	4	5	6	7
8	9	10	11	12	13	14
15	16	17	18	19	20	21
22	23	24	25	26	27	28
29	30	31	1	2	3	4

cap de setmana

naweek

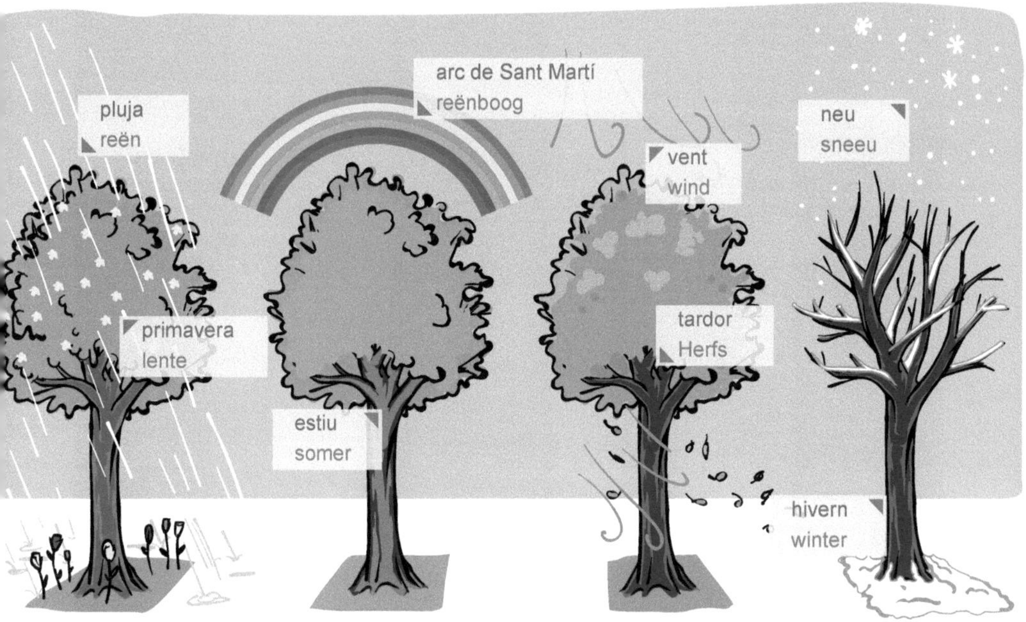

pluja
reën
arc de Sant Martí
reënboog
vent
wind
neu
sneeu
primavera
lente
tardor
Herfs
estiu
somer
hivern
winter

4.APRIL 11°
5.APRIL 4°
6.APRIL 13°
7.APRIL 8°
8.APRIL 10°

pronòstic del temps

weervoorspelling

F C
120 40
90 30
60 20
30 10
0 0
-30 -10
-20

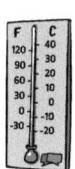

termòmetre

termometer

llum del sol

sonskyn

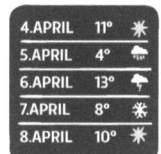

núvol

wolk

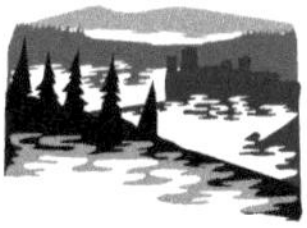

boira

mis

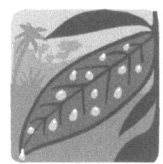

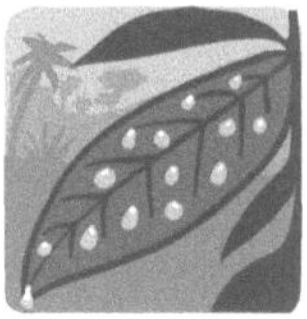

humiditat de l'aire

humiditeit

llamp
weerlig

tro
donderweer

tempesta
storm

calamarsa
hael

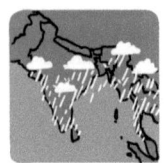

monsó
reënseisoen

inundació
vloed

gel
ys

gener
Januarie

febrer
Februarie

març
Maart

abril
April

maig
Mei

juny
Junie

juliol
Julie

agost
Augustus

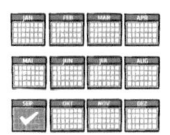

setembre

September

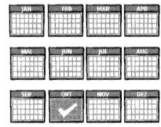

octubre

Oktober

novembre

November

desembre

Desember

formes
vorms

cercle

sirkel

quadrat

vierkant

rectangle

reghoek

triangle

driehoek

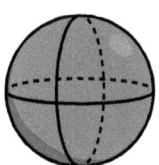

esfera

gebied

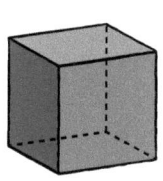

cub

kubus

colors
kleure

blanc

wit

groc

geel

taronja

oranje

rosa

pink

vermell

rooi

lila

pers

blau

blou

verd

groen

marró

bruin

gris

grys

negre

swart

molt / poc

'n baie / 'n bietjie

emprenyat / tranquil

kwaad / kalm

bonic / lleig

pragtig / lelik

començament / fi

begin / einde

gran / petit

groot / klein

clar / fosc

helder / donker

germà / germana

broer / suster

net / brut

skoon / vuil

complet / incomplet

volledige / onvolledige

dia / nit

dag / nag

mort / viu

dood / lewendig

ample / estret

wyd / smal

comestible / immenjable

eetbare / oneetbaar

dolent / amable

kwaad / vriendelik

entusiasmat / entediat

opgewonde / verveeld

gros / prim

vet / maer

primer / darrer

eerste / laaste

amic / enemic

vriend / vyand

ple / buit

vol / leeg

dur / tou

hard / sag

pesant / lleuger

swaar / lig

gana / set

honger / dors

malalt / sà

siek / gesond

il·legal / legal

onwettige / wettige

intel·ligent / ximple

slim / dom

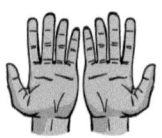

esquerra / dreta

links / regs

prop / llunyà

naby / vêr

nou / usat
nuut / tweedehands

res / quelcom
niks / iets

vell / jove
oud / jonk

encès / apagat
aan / af

obert / tancat
oop / toe

silenciós / sorollós
stil / lawaaierig

ric / pobre
ryk / arm

correcte / incorrecte
reg / verkeerd

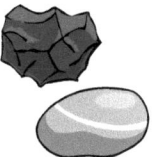

aspre / suau
grof / glad

trist / content
hartseer / gelukkig

curt / llarg
kort / lank

lent / ràpid
stadig / vinnig

humit / sec - eixut
nat / droog

calent / fred
warm / koel

guerra / pau
oorlog / vrede

nombres

getalle

0

zero

nul

1

u

een

2

dos

twee

3

tres

drie

4

quatre

vier

5

cinc

vyf

6

sis

ses

7

set

sewe

8

vuit

agt

9

nou

nege

10

deu

tien

11

onze

elf

12

dotze

twaalf

13

tretze

dertien

14

catorze

veertien

15

quinze

vyftien

16

setze

sestien

17

disset

sewentien

18

divuit

agtien

19

dinou

negentien

20

vint

twintig

100

cent

honderd

1.000

mil

duisend

1.000.000

milió

miljoen

anglès

Engels

anglès americà

Amerikaanse Engels

xinès mandarí

Mandaryns

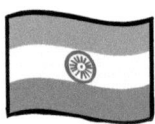

hindi

Hindi

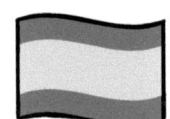

espanyol

Spaans

francès

Frans

àrab

Arabies

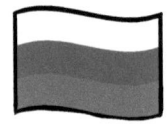

rus

Russies

portuguès

Portugees

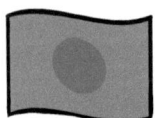

bengalí

Bengaals

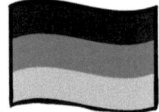

alemany

Duits

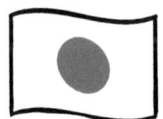

japonès

Japanees

jo

Ek

tu

jy

ell / ella / allò

hy / sy / dit

nosaltres

ons

vosaltres

julle

ells

hulle

qui?

wie?

què?

wat?

com?

hoe?

on?

waar?

quan?

wanneer?

nom

naam

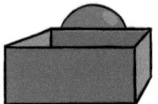

darrere

agter

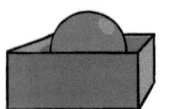

en

in

davant de

voor

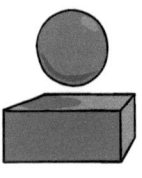

damunt

oor

sobre

bo-op

sota

onder

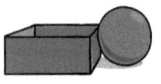

al costat

langs

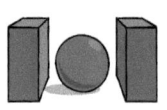

entre

tussen

lloc

plek